Julius Hübner

Zeitspiegel

Des Deutschen Reiches Krieg, Sieg und Frieden

Julius Hübner

Zeitspiegel
Des Deutschen Reiches Krieg, Sieg und Frieden

ISBN/EAN: 9783743673298

Hergestellt in Europa, USA, Kanada, Australien, Japan

Cover: Foto ©Thomas Meinert / pixelio.de

Weitere Bücher finden Sie auf **www.hansebooks.com**

Zeitspiegel.

Des deutschen Reiches
Krieg, Sieg und Frieden.

Sonette und Lieder
von
Julius Hübner.

Motto: Die Weltgeschichte ist das Weltgericht.
Schiller.

Zum Besten der deutschen Invalidenstiftung.

Dresden,
Druck und Verlag von C. C. Meinhold & Söhne.
Königl. Hofbuchdruckerei.
1871.

Zum Besten

der deutschen Invalidenstiftung.

———

Inhalt.

	Seite
Prolog	VII
Dem Vaterland	1
Vorzeichen	2
An Albion	3
Neuester Bund	4
Luther's Geist	5
Kriegserklärung	6
Deutschlands Einigung	7
Banges Harren	8
Saarbrücken	9
Den Siegern von Weißenburg	10
Sieg bei Wörth	11
An eine Wittwe, deren einziger Sohn gefallen	13
Gravelotte	14
Ausweisung	15
Louis bei Sedan	16
Nach Sedan	17
Rom's Einnahme	18
Laon	19
Straßburg	20
Nachts	21
Aurora borealis	22
Metz	24
Neutrale	25
Ludwig van Beethoven	26
Paris	30
Die Belagerten	31
Ehrenwort	32
An der Spitze der Civilisation	33
Garibaldi	34
Penelope-Germania	35
Versailles	36
Werder's Heldenthat	37
Narren?	38
Die einzige verlorene deutsche Fahne	41
Der Fall von Paris	42
Samariterwerk	43
Todesbotschaft	44
Ulanen	45
Moritz von Schwindt	46
Feldtelegraph	47
Feldpost	48
Friede	49
Friedensfestgruß an König Johann von Sachsen	50
Der bittere Tropfen	51
Das neue Reich	52
Wunderlenz	53
Lenzmanifest	54
Meine Deutschen	55

	Seite		Seite
An England	56	Dankgebet	71
Die Halbtodten I.	57	Deutsche Eiche	72
— — — II.	58	An Deutschland	73
Eroberte Geschütze	59	Kaisergruß	74
Friedensbild	60	Kaiserbraut	75
Kriegsgefangene	61	Des Reiches Erbe	76
Verwundete und Todte	62	Siegeseinzug	77
Liebesthaten	63	Mutterschmerz	78
Bismarck	64	Vaterherz	79
Moltke	65	Daheim	80
Lynchmord in Paris	66	Eisernes Kreuz	81
An die Franzosen	67	Treu	82
Commune	68	Germania in Leid und Freud	83
Arc de l'Etoile	69	Erfüllung	84
Der Vendomesäule Sturz	70	Epilog	85

Prolog.

Redselig werden, wißt ihr ja, die Alten!
Darum auch ich zu reden selig bin,
Denn ehe meine Tage schwinden hin,
Möcht' ich euch gern noch manche Rede halten:

Von Gott des Herren wunderbarem Walten
In uns'rer Zeit geheimnißvollem Sinn,
Von ihrem Wunderzauberspiegel, d'rin
Gestalten auf Gestalten sich entfalten.

So schaut mit mir denn in der Zeiten Spiegel,
Hebt von der Zeit Geheimnißthor den Riegel
Und brecht der Zeit Geheimschrift sieben Siegel!

Vernehmet in der Muse holder Leitung,
Der Gegenwart gewaltige Bedeutung,
Von Krieg und Sieg und Frieden frohe Zeitung!

Dem Vaterland.
1871.

Was ich aus deiner Hand empfing — mein Leben,
Mein ganzes Selbst, der Seele höchstes Gut,
Mein tiefstes Sinnen, meines Herzens Glut —
Möcht' ich, mein deutsches Vaterland, dir geben.

So lang' mußt' ich für deine Zukunft beben,
Jetzt schwellt die kühnste Hoffnung meinen Muth;
Ja, wenn mein müder Leib im Grabe ruht,
Wird doch mein Geist noch segnend dich umschweben!

Die dich verherrlicht, deine besten Söhne,
Der Helden, Denker, deiner Sänger Chor,
Der Formen, Farben Meister und der Töne —

Zu ihnen schau' ich tief beschämt empor,
Nur deiner ärmsten, schwächsten Kinder Eines —
Doch heißer schlug dir nie ein Herz, als meines!

Vorzeichen.
5. August 1869.

Wie thürmen sich die Wetterwolkenballen
Im Westen und im Süden drohend auf!
Ein ungeahnter Sturm beginnt den Lauf,
Durch dumpfe Schwüle ferne Donner hallen.

Und Kronen werden und Tiaren fallen,
Und mancher Ehrensäule gold'ner Knauf!
Schon sammeln Leichenraben sich zu Hauf,
Und gier'ge Geier wetzen schon die Krallen.

Die Tyrannei mit Pfaffentrug im Bunde,
Zum Kerker schufen sie die freie Welt
Und rückwärts stellen sie die Zeitenuhr!

Doch vorwärts rückt der Zeiger jede Stunde,
Was sie verneinen, sie befördern's nur
Und ihre angemaßte Herrschaft fällt!

An Albion.
1869.

O Albion, laß Wälsche, laß die Franken,
Und reich' dem deutschen Bruderstamm die Hand!
Zum Bündniß taugt doch nur was urverwandt;
Der Selbstsucht Bund auf seichtem Grund muß wanken.

Shakespeare und Luther, Kaiser der Gedanken,
Sie herrschen lange schon im Geisterland!
Wie Hermann die Romanen überwand,
Zerbrachen sie der alten Knechtschaft Schranken.

Der Freiheit Banner schwangen stets Germanen,
Kein and'res Volk, das sie zum Siege führt,
Früh oder spät, der Kampf sei noch so heiß!

Freiheit der Geister! Dahin bricht die Bahnen
Der deutsche Geist, zum Ziel, das er erkürt,
Und aller Welt weiht er den Siegespreis.

Neuester Bund.
5. Juli 1870.

Zum neu'sten Bündniß reichen sich die Hände
Die Jesuiten, Slaven und Romanen!
Euch gilt der Schlag, verhaßteste Germanen,
Fallt ihr erst, hat die Freiheit auch ein Ende.

Stumm lauscht die Welt, wie sich das Zünglein wende,
Wohin sich dreh'n die Wind- und Wetterfahnen!
Begonnen haben die Ultramontanen,
Unfehlbarkeit ist ihre gift'ge Spende.

Den Götzen wollen sie zum Bund'sgenossen,
Der Pfaffenchristenheit unfehlbar Haupt!
Zum Scheiterhaufen, wer an ihn nicht glaubt!

Erst hofft man schlau den freien Geist zu knechten,
Wie können dann die todten Leiber fechten?
Nur Sklaven will man noch — so ist's beschlossen!

Luther's Geist.
5. Juli 1870.

Geist Luther's! Wenn du von den Sternenbahnen
Herabschau'st auf dein armes Vaterland,
Und sieh'st auf's Neue sie in's Joch gebannt,
Die Kinder der durch dich befreiten Ahnen!

Und wieder siegreich wallen Roma's Fahnen,
Weil immer noch kein Mann, wie du, sich fand,
Der, kühnen Blick's, das Auge unverwandt
Auf's Ziel gerichtet, will zum Kampfe mahnen!

Den Jammer sieh'st du — doch du sieh'st sein Ende:
„Triumph der Freiheit und der ew'gen Wahrheit,
Der alten Babel letzten Untergang!"

Den Glauben gieb uns, Gott! In deine Hände
Befehlen wir dein Reich der heil'gen Klarheit,
Dein ist die Macht und Kraft, Preis dir und Dank!

Kriegserklärung.
15. Juli 1870.

Der Würfel fiel! Er hat es ausgesprochen,
Wie Donner rauscht es durch die Lüfte fort,
Das inhaltschwer, verderbenschwang're Wort:
„Der Kaiser hat den Friedensstab gebrochen!"

Schon lange hat es Ihn in's Herz gestochen,
Daß bei Sadowa Deutschland seinen Hort
In Preußen klar erkannt, und daß schon dort
Die deutsche Einheit siegend angebrochen!

Des Neides Furien hetzen Ihn zum Kriege,
Der Eitle träumet nur vom sichern Siege,
Unmöglich scheint Ihm, daß Er unterliege!

Und Wilhelm giebt sein Loos in Gottes Hände,
Glaubt fest, daß, wie auch erst das Glück sich wende,
Sein klares Recht doch siegreich bleibt am Ende!

Deutschlands Einigung.
16. Juli 1870.

Er hoffte auf der alten Zwietracht Schande,
Die Welfen hatten es ihm vorgelogen,
Doch diesmal hat er gründlich sich betrogen,
Der Kaiser und die saub're Frankenbande.

Der Süden steht getreu zum Vaterlande!
Zuerst hat Bayerns Fürst das Schwert gezogen,
Sein Beispiel hat die Andern leicht bewogen,
Und Alle setzen ihre Treu' zum Pfande.

Urplötzlich schlägt der deutschen Einheit Stunde,
Der Nordbund wird zum deutschen Staatenbunde,
Und grimmig knirscht der Kaiser bei der Kunde.

Denn die Er wollte auseinander reißen,
Er muß sie selber fest zusammenschweißen:
„Der deutschen Einheit Gründer soll Er heißen!"

Banges Harren.
25. Juli 1870.

Indeß wir hier in bangem Harren schweben,
Ringt dort vielleicht schon tödtlich, Mann an Mann,
Die deutsche Kraft mit dir, du Mordtyrann,
Den Gottesurtheilkampf auf Tod und Leben.

Wir können hier nur Herz und Hände heben,
Wie Moses einst auf Horeb's Höh' gethan,
Aus tiefster Seele dich zu flehen an,
Du mögest Sieg, Herr! unsern Waffen geben.

Ein heilig Amt, du willst es uns verleihen,
Zu tilgen all' die wälsche Niedertracht
In neuen Lebens blutentspross'ner Saat.

So wolle uns zu deinem Volke weihen,
Dein Reich zu gründen mit vereinter Macht,
Das Reich der Lieb' im Geist und in der That.

Saarbrücken.
2. August 1870.

Nicht mehr Franzosen! würdige Genossen
Der Turko-Zuaven, in des Raubthiers Kleide,
Gerufen von der Wüste über Scheide!
Ju Ueberzahl von Mannen und von Rossen

Habt ihr die off'ne Stadt in Brand geschossen,
Dem saubern Kaisersproß zur Augenweide,
Die Flammen noch genährt mit Satansfreude,
Wehrloser Blut mit Teufelsfaust vergossen.

„Mordbrenner!" heißt man euch seit dieser Stunde,
Mit aller Menschheit Abschaum ihr im Bunde,
Des feigen Schlächters schnöde Metzgerhunde!

Doch, als ihr schoßt, o Uebermaß der Schande,
Auf Aerzt' und wunde Krieger beim Verbande,
Kennt man euch auch als „Meuchelmörderbande!"

Den Siegern von Weißenburg.
4. August 1870.

Euch gilt dies Lied, die ihr die deutschen Fahnen
Zuerst gepflanzt auf fränk'sche Festungsmauern!
Euch, theure Todte! kann ich nicht betrauern,
Denn siegbekränzt wallt ihr auf Sternenbahnen!

Ein hehres Vorbild, sollt ihr uns ermahnen,
Und euer Ruhm wird nun und ewig dauern!
Wir preisen euch mit heil'gen Siegesschauern,
Ihr Preußen, Bayern, würdig eurer Ahnen!

Vorwärts mit Gott! bis der Tyrann im Staube,
Das Ungeheuer von der Welt gebracht,
Ihm auf den Nacken tritt der deutsche Fuß!

Heut' hebt sich stolzer unser Muth und Glaube,
Daß sich vollzieht der ew'gen Weisheit Schluß,
Und deutsche Einheit strahlt durch Kampf und Nacht!

Sieg bei Wörth.

6. August 1870.

Mel.: „Wer will unter die Soldaten."

Hör', mein Deutschland, laß bir sagen
Deine neu'ste Siegesmähr':
„Mac Mahon auf's Haupt geschlagen,
Flüchtig und zersprengt sein Heer!"

Alle Turko's, Spahi's, Zuaven
Und die ganze Prahlerschaar,
Hei! wie floh'n die feilen Sclaven
Vor dem jungen Preußenaar!

Fränk'sche Zephir's, weggeblasen
Von dem deutschen Boreas,
Ja, sie sprangen wie die Hasen
Durch das blutgetränkte Gras.

Und, wie sie so tapfer liefen,
Da verloren sie die Schuh',
Daß umsonst die Deutschen riefen:
Steht! „Das Weltall schaut euch zu!"*)

---

*) S. Louis' Proclamation: »L'univers vous regarde!«

Weggefegt vom deutschen Lande
Hat die deutsche Mannesfaust
Die Franzosenräuberbande,
Durchgebläu't und abgezaust.

Ha, da gab es „deutsche Hiebe,"
Norddeutsch und süddeutscher Art,
Für die frechen Länderdiebe
Noch von Leipzig aufgespart.

Chassepot und Mitrailleuse,
Und wie all' der Teufel heißt,
Die ihr mit so viel Getöse
Als unüberwindlich preißt!

Alles habt ihr euch vermessen,
So armirt und sieggewohnt —
Doch, ihr hattet Ihn vergessen,
Der in Donnerwolken thront!

Denn Er weih'te uns're Fahnen
Für den heil'gen Landeskrieg,
Uns voran die tapfern Ahnen,
Gott mit uns! Sein ist der Sieg!

An eine Wittwe, deren einziger Sohn gefallen.
14. August 1870.

Wir mischen uns're Thränen mit den deinen,
Gebeugte Mutter, die den Sohn verloren!
Verloren? Nein, auf ewig neugeboren
In Seligkeit, wer wollte i h n beweinen?

Erlöst auf ewig von dem eitlen Scheinen,
Zu heil'gem Sein in Wahrheit auserkoren,
Ging er als Jüngling ein zu Eden's Thoren,
Und mit dem Vater lebt er in den Seinen!

Wenn unser Volk im Blute seiner Söhne
Ein neues, hohes Leben hat gefunden,
Dann half auch e r dazu, der treu gefallen.

Entgegen schwebt er dir in ew'ger Schöne,
Verklärt erstrahlen seine Todeswunden
Beim Wiedersehen in des Himmels Hallen!

Gravelotte.
18. August 1870.

Um Gravelotte war's ein furchtbar Ringen,
Wo sich der Feind mit schlauem Vorbedacht
Zur Festung beinah' jedes Haus gemacht,
Und mühsam nur die Unsern vorwärts bringen.

Ein schwer Stück war's bei so bewandten Dingen,
Was einer Compagnie nur zugedacht,
Zu halten gegen Feindes Uebermacht
Auf halber Höh', nicht weg sich lassen zwingen.

Der Hauptmann war, der Premier gleich gefallen,
So commandirt der zweite Leutenant
Zwölf Stunden fast, die man im Feuer stand.

„Doch jeder Angriff muß zurücke prallen
Vor uns'rer Sechsz'ger Heldenwiderstand,"
So schrieb mein Franz. Er war der Leutenant.

Ausweisung.
25. August 1870.

Als euer Ludwig durch die Dragonaden
Die besten seiner Kinder von sich stieß,
War's Deutschland nicht, das sie willkommen hieß,
An seinen Tisch sie gastlich eingeladen?

Die Wohlthat lohnt ihr mit der Unsern Schaden,
Als man die ruh'gen Bürger von Paris,
Blos, weil sie Deutsche, aus dem Eigen wies,
Zurück nach Preußen, Bayern, Hessen, Baden.

Welch' Unrecht fehlt noch, das ihr nicht gethan?
Ihr schoßt auf Friedensboten unter weißer Fahne,
Und Unerhörtes werden wir noch seh'n.

Doch die Vergeltung seh' ich furchtbar nah'n,
Daß sie euch zur Besinnung endlich mahne,
Wollt ihr als Volk unrettbar nicht vergeh'n!

Louis bei Sedan.
2. September 1870.

Der Krieg, den du so frevelnd angefangen,
Er hat dich in des Schlachtensturmes Wogen,
In seinen Abgrund tief hinabgezogen,
Und Frankreichs Ruhm und deiner ist vergangen.

Umschlungen haben dich die Heeresschlangen,
Und immer enger zogen sie die Bogen,
Bis all' dein eitles Hoffen dich betrogen,
Dein Heer bei Sedan und du selbst gefangen.

Die ew'gen Mächte, die das Schicksal wägen,
Bemessen unerbittlich Schuld und Lohn!
Du spieltest falsch, verloren ist dein Thron.

Du wolltest auf die Siegeswage legen
Dein Brennusschwert — o Uebermaß von Hohn,
Besiegt dem Sieger reichst du nun den Degen!

———

Nach Sedan.
20. September 1870.

Des Kaisers Fall dröhnt schütternd in die Runde,
Ein Schauer faßt, die sich mit ihm verbündet,
Die ihre Macht auf seine Macht gegründet,
Denn mit ihm sank die Stütze ihrem Bunde.

Die Erd' erbebt weithin im tiefsten Grunde!
Hier schlug es ein, in Rom hat es gezündet,
Des Papstes Macht, die weltliche, verschwindet
Und athemlos empfängt die Welt die Kunde.

So ist es nun gekommen über Nacht,
Was Dante und Petrarka schon gedacht:
„Rom wird zum Haupt Italiens gemacht,

Die Kirche wird, wie einst gewollt ihr Meister,
Kein Reich von dieser Welt, das Reich der Geister!"
Das hat der Welt der deutsche Sieg gebracht.

Rom's Einnahme.
20. September 1870.

O, wunderbare Zeit, und kaum zu fassen,
Wo Gottes Strafgerichte sich vollenden!
Ein Blatt der Weltgeschichte muß sich wenden,
Und mancher Purpur über Nacht erblassen.

Nun büß', o Papst, dein Fluchen und dein Hassen,
Dein Reich von dieser Welt es mußte enden!
Den eitlen Pomp, der Gläub'gen reiche Spenden,
Mehr als dir zukam, hat man dir gelassen:

Sankt Peter's Dom, des Vatikanes Pracht
Und Hadrian's gewalt'gen Leichenzwinger,
Zum Grabmal deiner angemaßten Macht.

„Unfehlbar" hast du frevelnd dich erklärt,
Wie lange hat der stolze Traum gewährt?
Bethörter, siehst du noch nicht Gottes Finger?

Laon.

10. September 1870.

Laon, die Stadt, ward eben übergeben,
Und in die Citadelle ziehen ein
Die Deutschen, ohne eines Argwohn's Schein —
Da kracht ein Knall, daß Erd' und Himmel beben!

Die Casemattenwölbungen sich heben,
Ein Wettersturm von Balken und Gestein,
Mit Bomben und Granaten prasselt d'rein,
Vernichtet donnernd ringsum alles Leben!

Vom Felsenhang ein Theil begräbt die Stadt,
Und wie auf einem Schlachtfeld, leichensatt,
Sieht man nur Todte und zerriss'ne Glieder.

Ein Reiter fliegt zu Pferde von der Brücke,
Und Roß und Mann kommt heil zum Boden nieder — —
„Verruchtes Schelmstück von Franzosentücke!"

Straßburg.
28. September 1870.

O Straßburg, Straßburg, wunderschöne Stadt,
Wie schwer bist du uns wieder zu erringen!
Mit Schwert und Feuer muß sie um dich bingen,
Die Mutter, die dich einst verloren hat.

Doch muß es sein! Und geht's nicht eben glatt,
So müssen wir dich wieder zu uns zwingen;
Will's Gott, im Frieden wird uns baß gelingen,
Daß alte Liebe tritt an Zornes Statt.

Ja, laß sie los, die eitlen Weltbeglücker,
Sie hielten dich, du Schöne, nur als Magd,
Und sind und bleiben doch nur Unterdrücker!

Schau' auf, du uralt Teutsche, wie es tagt!
Dein Münster glüht im Morgensonnenscheine,
Neu blüht dein Kranz im alten Reichsvereine!

Nachts.
8. October 1870.

Bequem lieg' ich im weichen, warmen Bette,
Indeß mein Franz in dunkler Regennacht
Wohl vor dem Feind' im Felde steht auf Wacht
Mit den Kam'raden der Vorpostenkette.

Ach, wenn er nur ein schirmend Obdach hätte!
So brausend ras't des Regensturmes Macht,
Der Grund und Boden längst zu Sumpf gemacht,
Und rund umher nicht eine trock'ne Stätte!

So seufz' ich dann und knirrsche mit den Zähnen,
Denk' ich der heißen Vater-, Mutterthränen
Für so viel Söhne, die im Kampf erblassen.

Dann dank' ich Gott, der mir mein Kind gelassen,
Und fluch' auf ihn, der all' uns schuf dies Wehe,
Den kaiserlichen Schuft auf Wilhelmshöhe!

Aurora borealis.
Am 24. October 1870.

Es war in dieses Herbstes jüngsten Tagen,
Als vor Paris die deutschen Heere lagen,
Da strahlte Nachts der Nord im Wunderglanze
Und krönte sich mit feur'gem Siegeskranze.

Ein bleiches Lichtmeer schwimmt in niedern Sphären,
Und d'rüber blitzt es roth von Flammenspeeren,
Von schwarzen Wolken drohend schwer durchzogen,
Wogt es und wallt in Glut am Himmelsbogen.

Und aus dem Chaos steigt es wie Gestalten,
Die staunend sich vor meinem Blick entfalten:
Hoch über mir zieht es wie Kriegerschaaren
Mit Schwert und Speer, den Lorbeerkranz in Haaren.

Sie schweben auf im hehren Siegeszuge
Vom Schlachtfeld, und voran im Adlerfluge,
Geleiten sie des alten Lied's Walkyren,
Die Siegesjungfrau'n, zu Walhalla's Thüren!

Die deutschen Helden alle, die gefallen,
Stolz sah ich sie zum ew'gen Lichte wallen,
Und weilen in Walhalla's Riesenräumen,
Wo unf'rer Väter Siegeshumpen schäumen,

Willkomm zu trinken mit den alten Helden,
Dem blonden Hermann neuen Sieg zu melden;
Und durch der Himmel blaue Sternenwiese
Ging stracks ihr Zug zum höchsten Paradiese,

Geschaart zu Fuß und hoch auf stolzen Rossen;
Aus ihren Wunden Himmelsrosen flossen!
Entzückt schaut' ich nach oben, heiße Thränen
Im Blick, und tief im Herzen selig Sehnen!

Da flammt noch höher auf die lichte Scene,
Verlöscht des Tagesscheines letzte Töne!
„Laß, West, dein Untergangesglutenprahlen,
Auf geht der Nord in Siegespurpurstrahlen!"

Metz.
27. October 1870.

Lothringen's Veste, Metz! Aus Frankenbann
Bist du nach schwerem Kampf uns zugefallen!
Der deutsche Aar läßt dich nicht aus den Krallen,
Der Moselgrenze Bollwerk du fortan.

Mag dich der Feind uns nehmen, wenn er kann!
Sein Rachefchrei, an dir wird er verhallen;
Die Wacht am Rhein soll an der Mosel schallen,
Ganz Deutschland hält sie, einig, wie Ein Mann!

Mit deutschem Blute reich bist du erkauft,
Bei Gravelotte und Saint Privat vergossen,
Auf ewig deutsch bist du darin getauft.

Fest halten wir dich nun an's Herz geschlossen,
So lange deine Thürm' und Mauern stehen,
Soll Deutschlands Banner siegreich d'rüber wehen!

Neutrale.

30. October 1870.

Sie konnten wohl den Krieg im Keime tödten,
Wenn sie zur rechten Zeit die Macht verwandt!
Kein Dorf, kein friedlich Haus wär' abgebrannt,
Nicht durfte Blut die reine Erde röthen.

Da fanden sie es aber nicht von Nöthen
Und saßen still, als wären sie gebannt,
Bis sich die Kämpfer wüthend angerannt
Und Deutschlands Banner stolz und siegreich wehten.

Und wie der Frankenkaiser gar gefangen,
Sein Heer geschlagen und von uns bezwungen,
Geschehen war, was nimmer sie gemeint,

Da überkam sie Neid und Furcht und Bangen,
Daß uns so Großes war mit Gott gelungen —
Und Alle steh'n sie gegen uns vereint!

Ludwig van Beethoven.

Weihespruch
zum 17. December 1870.

Durch Kriegesdonner wallen Friedensklänge,
Und höher hebt ihr Klang das deutsche Herz,
Vereint in Leid und Wonne, Lust und Schmerz
Andächtig lauschend seines Volkes Menge.

Der Himmel thut sich auf! Der Engel Lieder
Verkünden eine hohe Feierzeit,
D e i n Tag, zum Feste deinem Volk geweiht,
Steigt segenduftend zu der Erde nieder.

Unsterblicher! Du Meister aller Meister,
Dir gab ein Gott der Töne Zaubermacht,
Du holtest aus der Seele tiefstem Schacht
Den Diamant des Königs aller Geister.

Der Hölle Schlund, auf dein Geheiß zerreißt er,
Und herzzermalmend klagt die alte Nacht —
Sieh'! da entrollt der Morgensonne Pracht
Den jungen Tag, und Wonne nur verheißt er!

Wie klingt dein Lied von heil'ger Ehetreue,
Von Heldenkraft in eines Weibes Brust,
Die nur des Einen einzig sich bewußt,
Daß den gefang'nen Gatten sie befreie!

Ein keusches Lied! Nicht Haß, nicht Wuth und Reue,
Nicht fesselloser Leidenschaften Lust —
Die Liebe hebt uns von der Erde Dust
In reiner Himmelsflammen lichte Reihe!

Von dir erfüllt mit unnennbarem Sehnen,
Das deutsche Herz, von dir berührt, erbebt,
Mit Muth zu allem Höchsten neu belebt,
In tiefstem Jammer, reinsten Wonnethränen.

O, säh'st du heut', Verklärter, auferstehen
Dein deutsches Volk, nach langer Zwietracht Fluch,
Erfüllt, gesühnt des ew'gen Schicksals Spruch,
Geeint dem großen Ziel entgegen gehen —

Du feiertest in hocherhab'nen Liedern
Den heil'gen Bund, geeinigt Süd und Nord,
Auf ewig eins, von nun an fort und fort,
Dein deutsches Volk, ein einig Volk von Brüdern!

Der alte Feind, schon ist er überwunden
In manchem blutig heißen Waffentanz,
Dir bringt dein Volk des Sieges Eichenkranz,
Den ersten, den es neu vereint gewunden.

Er ist besprengt mit deutschem Heldenblute
Und Millionen Thränen glänzen d'ran!
Den höchsten Preis weiht dir, du deutscher Mann,
Dein Volk, erkämpft von heil'gem Opfermuthe.

Von deiner Töne Himmelsmacht getragen,
Erweckt in langer, banger Trauerzeit,
Hat uns dein Geist die Kraft gestärkt, gefei't,
Hast du mit uns den wälschen Feind geschlagen.

O, daß er nun und nie sich von uns wende
Dein hoher, reiner, keuscher, deutscher Geist!
Er ist's, der ewig uns den Sieg verheißt,
Ob wider uns die Welt in Waffen stände!

So laß uns dir den heil'gen Schwur erneuen,
Zu halten fest und treu an deutscher Art,
Wie du, den Geist vor wälschem Tand bewahrt,
Dem Vaterland die volle Kraft zu weihen!

Ja, Heil dem Tage, der dich uns gegeben,
Der heut' nach hundert Jahren wiederkehrt,
Hoch! Meister Ludwig! höchsten Preises werth,
Im deutschen Herzen sollst du ewig leben!

Paris.
12. December 1870.

„Der Menschheit Tempel du! die heil'ge Stadt!!"
Das wagt dein toller Dichter uns zu sagen!
Du, die du tausend Tausende erschlagen,
Des warmen Menschenblutes Nimmersatt!

Für Einen, den es einst gemordet hat,
Muß heut' Jerusalem noch Buße tragen,
Wie konntest, Freche, du zu hoffen wagen,
Vertilgt sei deines Schuldbuch's blutig Blatt!

Der Freiheit Namen hast du roh geschändet,
Zu Mord und Todtschlag Bruderlieb' entweiht,
In Blitz und Donner naht Gerechtigkeit!

Gieb auf den Hochmuth, der dich so verblendet,
Beginn' in Demuth jetzt ein neues Leben,
Und aus der Asche magst du dich erheben!

———

Die Belagerten.
15. December 1870.

Wie sie sich schon am Ziele eitel dünkten,
Als Märtyrer und Sieger ruhmgekrönt,
Da hat vom Donner rings die Erd' erdröhnt
Und Blitz auf Blitz aus Feuerschlünden blinkten.

Nun sah'n sie, die vom deutschen Heer Umringten,
Durch Siegeslügen allzulang' verwöhnt,
Vom Dämon ihrer Eitelkeit verhöhnt,
Wie Tod und Elend nah' und näher winkten.

Hohläugig, bleich, mit eingefall'nen Wangen,
Die Zähne gierig fletschend vor Verlangen,
Kommt die Megäre „Hunger" angegangen.

Der Todesengel schüttelt seine Locken,
Des Lebens volle Pulse mälig stocken
Und unaufhörlich tönen Todtenglocken!

Ehrenwort.
18. December 1870.

.

Ihr, sonst die ritterlichste Nation!
Nun muß die Welt nur Schmach an euch erleben,
Seit ihr das Ehrenwort, was ihr gegeben,
Gebrochen habt und heimlich seid entfloh'n.

Der Minne Hof, der Rittertugend Thron,
Er durfte sich in Frankreich einst erheben,
Und alt und junger Helden tapf'rem Streben
War Damenhuld und Ehre höchster Lohn.

Was würde Franz der Erste, Bayard sagen,
Und Dunois, der Ahnen hohe Schaar?
Säh'n sie die Enkel jeder Tugend baar.

Das Haupt verhüllen würden sie und klagen:
„Weh', Frankreichs Sonne, einst so hell und klar,
Du sinkst in Nacht und nimmer will es tagen!"

An der Spitze der Civilisation.
20. December 1870.

Vor der Civilisation behüte,
O Herr und Gott, uns ewiglich in Gnaden!
An Leib und Seele, dies- und jenseit Schaden,
Das ist von dieser Herrlichkeit die Blüthe.

Erhalte uns das ehrliche Gemüthe,
Einfältig deutschen Sinn, den schlicht und g'raden,
Ob von den wälschen Geist- und Witzparaden,
Auch keine einz'ge uns darob geriethe.

Wir wollen uns're Kinder ehrlich lehren,
Den freien Blick, das Urtheil ihnen wahren,
Dem Aberglauben und Unglauben wehren.

Frei hebe sich der Geist zum Ewigklaren,
Von alten Fesseln Alle zu befreien,
Und bleibe fern von eitlen Spielereien.

Garibaldi.
24. December 1870.

Weh', Garibaldi! Daß du deiner Ehre
So thöricht selber schlugest in's Gesicht,
Als du dem schnöden fränkischen Gezücht
Zur Schandthat lieh'st die unbefleckte Wehre!

Wie wenn ein Stern den hellen Glanz verlöre,
Der uns so lang' gelabt mit reinem Licht —
Wir schauen hin und glaubten's gerne nicht,
Und weichen zögernd der Gewißheit Schwere.

Wärst du bei Aspromonte doch gefallen,
Der Freiheit Ritter gegen Tyrannei,
Und deines Vaterlandes bester Held!

Zu deinem Grabe würde trauernd wallen
Die Menschheit, auch durch dich erlöst und frei,
Und deinen Namen feierte die Welt!

Penelope=Germania.
1813 — 1870.

Penelope=Germania! Dich umfrei'n
Die frechen Frankenfreier dreist auf's Neue,
Zu brechen die beschwor'ne Ehetreue,
Die du gelobt Odysseus=Wilhelm' dein!

Zur Morgengabe wollen sie den Rhein,
Grüngold'nen Gürtel mit der Demantreihe
Von Stadt und Burgen, und zur Hochzeitweihe
Noch seiner Rebenhügel deutschen Wein.

Odysseus=Wilhelm aber spannt den Bogen,
Das deutsche Heer, straff in der starken Faust,
Sein Pfeil ist tödtlich über'n Rhein geflogen,

In's Frankenherz, Paris, hineingesaust!
Dem heil'gen Reich eint er entwandte Lande,
Knüpft neu das Band und tilgt die alte Schande!

Versailles.
18. Januar 1871.

Im Prunksaal Ludwig' des Franzosengötzen,
Was regt sich heut' ein wunderbar Gedränge?
Der blankbewehrten deutschen Krieger Menge,
Des Frankenthrones Stufen sie besetzen.

Rings deutsche Fahnen weh'n, ehrwürd'ge Fetzen,
Sie zeugen von des heißen Kampfes Länge!
Die deutschen Fürsten nah'n, ein stolz Gepränge,
Ein deutsches Auge mag sich daran letzen!

Und wie aus Wolken tritt die gold'ne Sonne,
Der Silbermond vor aller Sterne Schein,
So tritt der greise Bundesfeldherr ein!

O deutsches Herz, geh' auf in stolzer Wonne,
In Ludwig's Prunksaal Heer und Fürsten küren
Den Kaiser, der hieher sie konnte führen!

Werder's Heldenthat.
19. Januar 1871.

Noch einmal bäumt die gift'ge Hyder auf,
Ob Haupt auf Haupt ihr auch schon abgeschlagen!
Bourbaki will, aus Metz entflohen, wagen,
Zu kreuzen unf'rer Helden Siegeslauf.

Ein Werder wartet nicht erst lange d'rauf!
Entgegen geht er, hat in wenig Tagen
Klug weichend, eine Schlacht ihm angetragen,
Nun folgt der Franken Uebermacht zu Hauf.

Da machst du Held bei Belfort plötzlich Halt!
Dein kleines Heer, in langer Reih' gestreckt,
Hat der Vogesen Pässe fest gedeckt.

Drei Tage stürmt der Feind mit Mordgewalt,
Doch deinen Arm muß fliehend er noch fühlen:
„Leonidas, der Deutschen Thermopylen!"

Narren?
19. Januar 1871.

Es waren im deutschen Volksheer,
Bei all' den Mannen in Kriegeswehr,
Den von allen Gauen entsandten,
Zwei lustige Comödianten.

Sie hatten daheim nicht Weib und Kind,
Nicht e i n e Seele, liebend gesinnt,
Nicht Aeltern, Geschwister, Verwandte,
Nicht Einen mehr, der sie noch kannte.

Der Eine hieß Berg, der And're Thal,
Sie waren eins, wie Brüder aus Wahl,
Man mußte zusammen sie nennen,
Wer kann Berg und Thal jemals trennen?

Die Kameraden haben gelacht,
So oft die Beiden Witze gemacht,
Wenn frierend in Sturm und in Regen
Sie hungrig im Biwak gelegen.

Der Leut'nant, wenn er von ihnen spricht —
Er war sonst ein gutmüthiger Wicht,
Doch nannt' er sie kurzweg: „die Narren,"
Sie hätten zuviel einen Sparren!

Bei Belfort kam es zum letzten Streit,
Da stürmten die Beiden, Seit' an Seit',
Wie ein Mann in heiligem Zorne
An der Spitze von Allen, ganz vorne.

In der Franken dreifach größere Zahl
Wild stürzen die Brüder, Berg und Thal —
Und wie nun die Feinde entweichen,
Da lagen viel tapfere Leichen!

Und vor den Hauptmann der Leut'nant tritt:
„Todt hundert und zehn, die „Narren" mit,
Wir haben ganz vorn sie gefunden
Die Beiden, bedeckt ganz mit Wunden."

„Herr Leut'nant," der Hauptmann finster spricht,
„Es ziemt ein solches Wort sich nicht
Für Todte, die also gestorben
Und ewigen Ruhm sich erworben.

Beim heiligen Gott, Herr Leutenant,
Hätt' ich zwei eiserne Kreuze zur Hand,
Und wären die Beiden am Leben,
Den Helden würd' ich sie geben!"

Er wandte sich ab, 's war nicht seine Art,
Zwei Thränen sah man in seinen Bart
Von der grauen Wimper ihm rollen —
Er hatte verbergen sie wollen.

Ja, euch, ihr Helden, weih' ich den Kranz
Des Liedes, im Thränenperlenglanz,
Ihr Ritter vom edelsten Sparren,
Unsterbliche, selige Narren!

Die einzige verlorene deutsche Fahne.
Bei Dijon, 23. Januar 1871.

Nichts hat dem Feind die Uebermacht genützt,
Als es im Bergwald zum Gefecht gekommen,
Die tapfern Pommern muthig aufwärts klommen,
Ihr Heldenblut im Nachtkampf dort verspritzt.

Die Fahne hat noch wie ein Stern geblitzt,
Der Fähnrich fiel, ein And'rer sie genommen,
Bis auch der Letzte nun im Blut geschwommen
Und fallend sie mit seinem Leibe schützt.

Am andern Tag, als sie der Feind gefunden
Begraben unter all' den Todeswunden,
Hat er sie ehrfurchtschauernd aufgehoben.

Menotti Garibaldi muß ich loben,
Daß er den Deutschen sie zurückgebracht —
Ich weiß nicht, ob ein Franzmann so gedacht!

Der Fall von Paris.
28. Januar 1871.

Ihr Völker, hört und bebt! Sie ist gefallen,
Die große Babel, Weltvergifterin!
Ein blitzend Donnerwetter schlug sie hin,
Zerschmettert sind der Wollusttempel Hallen.

Die Lust= und Lügenlieder nicht mehr schallen,
Der Krämer feilscht nicht mehr um den Gewinn,
Erschlag'ne, Unbegrab'ne liegen d'rin,
In Leichen schlagen Geier ihre Krallen.

Die Ströme Blut's, die du, Paris, vergossen,
In der Vergeltung Meer sind sie geflossen!
Die Geisterheere, von der Guillotine

Erschlag'ner Brüder, sah'n die späte Sühne!
Ihr Völker fallt auf euer Angesicht,
„Die Weltgeschichte ist das Weltgericht!"

Samariterwerk.
2. Februar 1871.

Als nun die stolze Stadt zu Kreuz gekrochen,
Vom Hunger und den Deutschen überwunden,
Und Nichts zu essen mehr sich vorgefunden,
Weil sie verrechnet sich um mehr als Wochen,

Da hat der Feind mit ihr sein Brod gebrochen,
Und die Verwundeten hat er verbunden,
Gespeiset und getränket die Gesunden,
Gethan, was ihr die Freunde nur versprochen!

Das Samariterwerk, was er vollbracht,
Kommt seiner Heldenthaten Größe gleich
Und flicht den Oelzweig in den Lorbeer ein.

Preis sei dir, heil'ger Bruderliebe Macht,
Du schönstes Zeugniß von dem neuen Reich,
Der Kaiserkrone reinster Edelstein!

Todesbotschaft.
4. Februar 1871.

Zog ein Husar, ein frisches, junges Blut,
Mit Gott für König und für Vaterland,
Hinaus in's Feld, den Säbel in der Hand,
Kühlt er in Feindesblut den heißen Muth.

Zu Haus ein Mutterherz in Schmerzen ruht,
Denkt still und sorgt für ihn nur unverwandt,
Giebt zwischen Furcht und Hoffnung festgebannt,
Den lieben Sohn in Gottes treue Hut.

Da, eines Abends bei der Lampe Schein,
Liest sie in ihrer neu'sten Zeitung schon:
„Ein Heldenjüngling, tapfer, nur selb drei'n,

Drang in die Feindesstadt verwegen ein,
Die Freunde konnten ihn nicht mehr befrei'n —
Er blieb" — o Gott, der Jüngling war ihr Sohn! —

Ulanen.

7. Februar 1871.

Zumeist genannt von unsern Reiterschaaren,
Ihr Lanzenreiter mit den Wimpelfahnen,
Bewundert und gefürchtet fabelhaft, Ulanen!
Ihr, die Geschwisterkinder der Husaren.

Man streitet sich, wer eure Väter waren,
Ob Ungarn oder Polen eure Ahnen,
Am Ende stammt ihr gar von den Alanen?
Ein Heldenmythus webt im Dunkelklaren.

Klar ist und wahr, ihr habt euch kühn geschlagen!
Von weitem schon sah euch der Feind mit Bangen,
Ein Dutzend nahm ein Regiment gefangen.

Und ganze Städte habt ihr keck bezwungen,
Wo nur zu Drei und Vier ihr eingedrungen —
Die Nachwelt wird von euch noch singen, sagen!

Moritz von Schwindt.
8. Februar 1871.

Auch du dahin! So klingt die Trauerkunde!
Es ist dein **letztes** Werk, das vor uns steht,
D'rin noch so voll dein Lebensodem weht,
So rein und stark aus tiefstem Herzensgrunde!

Der Besten einer aus dem schönen Bunde
Der alten Zeit, die nun zur Neige geht,
Zu ew'gem Ruhme immerdar erhöht
In deutschen Herzen und im deutschen Munde.

Fahr' wohl! Du lebst! Jenseits im ew'gen Frieden,
Du lebst in deines Volkes Herz hienieden,
In deinen Werken, ob du auch geschieden.

Und um dein Grab im Dämmerscheine schweben,
Wie sie am Melusinenquelle weben,
Die Mährchengeister, die du rieffst in's Leben!

Feldtelegraph.
20. Februar 1871.

Couriere und Staffetten sind verschwunden,
Feldtelegraph! seitdem man dich erfand;
So weit dein luftig Drathnetz ausgespannt,
Ist Raum und Zeit beinahe überwunden.

Nicht Stunden braucht's, Minuten nur, Secunden,
Und das Commando fliegt durch's ganze Land,
Seit durch dein ehern, blitzbeflügelt Band
Nun Ost und West und Nord und Süd verbunden.

Du rückst beharrlich stets dem Heere nach,
Was an Terrain dem Feinde abgewonnen,
Wird rasch von deinen Dräthen übersponnen.

Dann rückt die Post auch vorwärts allgemach;
So stellt in dem Correspondenzencorps,
Post Fußvolk, Telegraph die Reiter vor!

Feldpost.
21. Februar 1871.

Hört ihr das munt're Posthorn lustig klingen
Durch Kriegsfanfaren und Kanonenknallen?
Die Briefe hin und her gebracht uns Allen,
Die tapfern Postillone will ich singen!

Ob die Granaten platzen, Splitter springen,
Die Bomben donnerschmetternd niederfallen,
Sie bringen durch, wo Lagerfeuer wallen,
Zur Beiwacht, dort den Heimathgruß zu bringen.

Hurrah! Die Feldpost kommt! Sie warten schon,
Die tapfern Krieger, pulverdampfgeschwärzt, .
Nun wird gelesen, wird gelacht, gescherzt.

Die Antwort nimmt der brave Postillon,
Ob schwer der Dienst, ob auch nur karg der Lohn:
„Sankt Stephan lebe hoch! Feldpostpatron!"

Friede.

4. März 1871.

Aus Feuerschlünden kracht: „Viktoria!"
Den Donner trägt der Widerhall in's Weite,
Voll tönt der Glocken feierlich Geläute,
Zu dem Viktoria das Gloria!

Und alle Herzen jubeln fern und nah'
Dem Ende zu vom langen, schweren Streite,
Zum ew'gen Festtag wird der Tag von heute,
Der heißersehnte Friede, er ist da!

O süßer Klang! der einst aus Engelsmunde
Zur dunkeln Erde selig niederklang,
Von froher Botschaft eine Himmelskunde!

In Freudenthränen still' den Herzensdrang,
Du, meine Seele, in dem Freudenliede:
„Herr Gott, dich loben wir! Du gabst uns Friede!"

Friedensfestgruß an König Johann von Sachsen.
4. März 1871.

In des Kyffhäuser tiefstem Felsenschacht,
Vom Zauberschlaf Jahrhunderte gebunden,
Der Kaiser schlief — nun ist der Bann geschwunden,
Alldeutschland rief — der Kaiser ist erwacht!

Held Barbarossa naht in Kaiserpracht,
Schaut, wie im Kampfe sich sein Volk gefunden,
Am Boden liegt der Feind in Todeswunden
Und **Friede** weiht der neuen Einheit Macht.

Das deutsche Volk, die Fürsten, die es führen,
Voran im blut'gen Streit, von Sieg zu Siegen,
Sie durften neu den Heldenkaiser küren!

Der Kaiser hoch! Das Reichspanier laßt fliegen!
„Hoch unser König!" klingt aus Herzensgrunde
In **alter Treue** auch im **neuen Bunde!**

Beim Barbarossa-Fackelzuge dargebracht von den Akademikern Dresdens.

Der bittere Tropfen.
5. März 1871.

Ein bitt'rer Tropfen in den Becher fiel
Von unserm gold'nen Frieden = Freudenwein!
Belfort! du sollst zurückgegeben sein,
Und hast gekostet deutsches Blut so viel!

Du, uns'rer heißen Kämpfe letztes Ziel,
Ein Adlerhorst in festem Felsgestein,
Deß Feuerschlünde Tod, Verderben spei'n,
Dich zu erlangen war kein Kinderspiel!

Und ihr sollt nicht in deutscher Erde schlafen?
Ihr treuen Landwehrmännerherzen dort,
Die mörderisch Franzosenkugeln trafen!

Ja, du bleibst wahr, Held Blücher's bitt'res Wort:
„Was Gott uns gab durch uns're Heldenthaten,
Das holt der Teufel durch die Diplomaten!" *)

---

*) Anm. Versteht sich, durch die französischen!

Das neue Reich.
6. März 1871.

O, welch ein Jahr, dies Jahr, was uns vergangen!
Was jemals groß und wunderbar, wird wahr,
Des deutschen Volkes große Zukunft klar,
Und seine größte Aera angefangen.

Was uns're Heldensänger sehnend sangen,
Was wir verloren wähnten ganz und gar,
Vor unsern Augen wird es offenbar,
Das Ziel, wonach so lang' wir schmerzlich rangen.

Wohl über einem Meer von Blut und Thränen,
Nach Wintergraus, Furcht, Hoffen, Zweifeln, Wähnen,
Geht auf ein Wunderlenz der deutschen Erde!

Zu Seinem Volke hat uns Gott erhoben,
Mag unser ganzes Sein und Thun Ihn loben,
Das Reich ist da! Auf! daß Sein Reich es werde!

Wunderlenz.
7. März 1871.

Der Friede kam! Der Frühling nah't sich wieder,
Die Erde ruht von all' dem blut'gen Graus,
Von Todeskampf und Siegeswonne aus,
Und über Saaten schmettern Lerchenlieder.

Die Himmelssänger schwingen das Gefieder
Und schweben auf zum gold'nen Sonnenlicht,
Und du, mein Herz, du folgtest ihnen nicht,
Du senktest deinen Flug zur Erde nieder?

Hinauf, hinauf! Laß hinter dir die Erde,
Solch' einen Lenz hast du noch nie erlebt,
Gott sprach zur deutschen Herrlichkeit sein: Werde!

Was wie ein Traum dir nur das Herz durchbebt,
Der deutschen Einheit, Größe Jubeljahr
Und Sieg und Friede wunderbar — ist wahr!

Lenzmanifest.
10. März 1871.

Kund und zu wissen Allen! Dieser Lenz,
Den wir als deutschen Reiches Lenz erkennen,
Wir wollen Allerhöchsten Orts ernennen
Ihn zu des Jahres „Blüthenexcellenz!"

Somit gebieten tiefste Reverenz
Wir allen Herzen, die für ihn entbrennen,
Und stünd' es irgendwie in unserm Können,
Ja, wir erklärten ihn in Permanenz!

Sein ganzer Hofstaat wird mit ihm erhoben
Zum Blüthenadel, und mit sechszehn Ahnen
Der Sänger reichsunmittelbar Geschlecht.

Sie sollen ex officio ihn loben,
Und Blüth' und Blumen tragen seine Fahnen —
„So gelt' es nun und immerdar zu Recht!"

Meine Deutschen.
15. März 1871.

„Stolz" will ich endlich meine Deutschen sehen,
Die, allzu lange nur allzu bescheiden,
Sich jetzt das Recht ersiegt nach schweren Leiden,
Gehob'nen Hauptes aufrecht da zu stehen.

Der deutschen Adlerschwingen mächtig Wehen,
Die andern Völker mögen es beneiden,
Am reinen Licht der Sonne sich zu weiden,
Erheben sie mein Volk zu ew'gen Höhen.

Tyrannenart wirst du, mein Volk, nicht üben,
Du, stark und mild, wirst fremdes Recht nicht trüben
Und Alles überwinden nur durch Lieben!

Der Freiheit und der Wahrheit Reich begründen,
Die Fesseln lösen, die die Menschheit binden —
Ein Riesenwerk — du wirst die Lösung finden!

———

An England.
16. März 1871.

Du stolzes England! Erste sonst im Reigen
Der großen und der freien Nationen!
Jetzt fragst du nur: was wird am Meisten lohnen?
Ein Volk von Krämerseelen, geizig, feigen!

Den deutschen Stamm, du sieh'st empor ihn steigen,
Vereint in Einer, alle deutschen Kronen,
In Feindesland den deutschen Kaiser thronen
Und sich vor Keinem, auch vor dir nicht neigen!

Da faßt dich, Eitle, ein gemeines Neiden,
Zu klein von Sinn, am Großen dich zu weiden,
Stellst du dich jetzt zu unsern Widersachern.

Du willst uns noch beim Friedensschlusse necken?
Versuch' es nur, es macht uns keinen Schrecken,
Graf Bismarck sagt: „Hier giebt es Nichts zu schachern!"

I.
Die Halbtodten.
19. März 1871.

Als nun, trotz Republik und Wuthgeheule,
Die große, niebesiegte Nation verloren,
Hat sich ein neues Mittel auserkoren
Das Heldenthum der Franken in der Eile.

Ducrot, des Heldenschwindels größte Säule,
Er hat bei seiner Ehre (ha!) geschworen,
Er käme todt nur, oder neugeboren
Durch einen Sieg, noch nach Paris in Weile.

Wie er sein Wort gehalten, wissen Alle,
Doch hat er sich mit Gift etwas vergeben,
Versteht sich so, daß er noch heut' am Leben!

Bourbaki hat sich etwas todtgeschossen,
Doch fürchtet nichts, er hat kein Blut vergossen
Und lebt, und ißt und trinkt, trotz Frankreichs Falle!

II.

Gambetta sieht man plötzlich schwer erkranken —
Weil es mit seiner Macht zu Ende geht,
Und der sonst fest auf beiden Beinchen steht,
Thiers, der alte Schlaukopf, kommt in's Wanken.

In Ohnmacht fällt er passend vor den Schranken
Der Nationale, als er sich ersieht
Für Bismarck's Frieden die Majorität —
Man trägt ihn fort — und alle Course sanken.

Die Mehrheit macht der Casus sehr beklommen,
Brillant hat sie den Frieden angenommen,
Und konnte wahrlich auch nichts Klüg'res thun!

An Rochefort, scheint es, kommt die Reihe nun,
Doch hoff' ich fest, auch er bleibt uns erhalten! — —
„Schauspielerpack! Ihr seid doch stets die Alten!"

Eroberte Geschütze.
Im Zwinger zu Dresden, 21. März 1871.

Ihr grauenvoll unheimliche Gestalten,
Umwogt von jauchzend frohem Volksgebränge
Inmitten heller Friedensglockenklänge,
Des Schlachtendonners furchtbare Gewalten!

Wir schau'n euch furchtlos in den Schlund, den kalten,
Und freu'n uns jubelnd eurer Zahl und Menge,
Die wir mit kriegerischem Wehrgepränge,
Als unsern Siegesbeutetheil erhalten!

Ihr sollt von nun in steten Friedenstagen,
Den Enkeln von den Siegesschlachten sagen,
Die ihre Ahnen, Deutschlands Stolz, geschlagen!

Will's Gott, daß euch dies Friedensamt nur bliebe,
Daß sich von nun an eine Aera schriebe,
Der Völkereintracht und der Bruderliebe!

Friedensbild.
Im Zwinger. 22. März 1871.

Ich sah ein reizend Bild in diesen Tagen!
Ein lachend Kind lag mit dem kleinen Ohre
Just in der Mündung vom Kanonenrohre,
Wo Blitz und Donner sonst herausgeschlagen.

O heil'ge Unschuld! Ja, du durftest wagen,
Umschwebt von aller Kindesengel Chore,
Zu scherzen an des Todes off'nem Thore!
„Sieh, das ist Friede!" mußt' ich laut mir sagen.

Das kleinste Stück von der Kanonenbeute,
„Gebirgsgeschütz" so nennen's die Soldaten,
So hoch just als ein Kind von drei, vier Jahren,

Zum Spielzeug machten es die kleinen Leute!
Mag's keine and're Nutzung je erfahren,
Auf ewig ruh'n von seinen Heldenthaten!

Kriegsgefangene.
23. März 1871.

Franzosen! Die uns Kriegs- und Waffenglück
Gefangen gab, ich kann euch nicht verstehen,
Ihr drängt euch fühllos um die Siegstrophäen,
Gleich Turko-Zuaven mit dem Raubthierblick.

Nicht Mitleid weckt mir euer Mißgeschick,
Seit ich euch so in Haufen hier gesehen,
Wie Heerdenvieh mit euren Hütern gehen,
Gleichgültig stumpf, leichtsinnig Stück für Stück.

Wie ernst seh'n uns're Leute straff und strack!
Und ihr in den hanswurstig bunten Jacken,
Mit rothen Käppi's und mit rothen Hosen,

Wie Papageien bunt herausstaffirt!
Ich denke, Gecken, wie ihr paradirt,
„Ihr seid ein eitles Pack doch, ihr Franzosen!"

Verwundete und Todte.
24. März 1871.

Euch feh' ich nach, mit Thränen in den Blicken,
Wie ihr euch mühsam schleppt dahin am Stock,
Im wetterfahlen, alten Waffenrock,
Gestützt auf Freunde und auf eure Krücken!

Ich möcht' euch Alle heiß an's Herze drücken!
Geschlagen habt ihr ja für uns den Feind,
Durch eure Wunden Deutschland erst geeint,
Die mehr als Orden, euch, ihr Helden, schmücken!

Und ob verstümmelt, sah'n wir euch doch wieder!
Doch ach, die Theuren, die da draußen liegen
In fremder Erde, in dem großen Grabe!

Geweiht durch uns're Thränen, uns're Lieder,
Unsterblich lebt ihr, lebt in euren Siegen,
Die ihr euch gabt für uns als Opfergabe!

Liebesthaten.
26. März 1871.

Und muß ich unf're Helden hoch erheben,
Euch weih' ich minder doch nicht meine Lieder,
Die liebevoll gepflegt, gelabt die Brüder,
Ihr Samariter sollt im Liede leben!

Ihr habt ja auch das Leben hingegeben,
Ihr Frauen, Aerzte, Johanniter bieder,
So Manchen gabt ihr noch den Seinen wieder,
Den doch dem Tod entriß nur euer Streben.

Das rothe Kreuz auf reinem, weißen Schilde,
Zum Siegeszeichen habt ihr's neu gemacht,
Symbol der thätig treuen Christenmilde.

O heil'ger Liebe wunderbare Macht,
Der ew'gen Gottheit herrlichstes Gebilde,
Triumph hat dir der blut'ge Krieg gebracht!

Bismarck.
28. März 1871.

Bismarck! Wie soll mein Lied dich würdig preisen,
Du, Teutschlands Kopf und doch wohl auch sein Herz?
Klingt gleich wie aus dem Donnermund von Erz
Dein furchtbar Wort, das Wort von „Blut und Eisen!"

Sie lachten dein, die kleinen, dreimal Weisen!
Du schwiegst und sahest sinnend zukunftwärts,
Ermaßest deines Volkes Kraft und Schmerz,
Erwogst des Feindes Macht, der Zeiten Kreisen.

Und wie du sicher es vorausgesehen,
So mußt' es kommen, und so ist's geschehen,
Die Weisen lernten dich beschämt verstehen.

Reichskanzler! Magst du lang' das Reich verwalten,
Mag Gott dich lange deinem Volk erhalten,
Machtlos vor dir sind feindliche Gewalten!

Moltke.
29. März 1871.

Ein Einz'ger nur darf neben Bismarck stehen!
Du, Moltke! der so adlerscharf geblickt,
Und still, wie über'n Schachbrettrand gebückt,
Den Riesenkampf von Oben übersehen.

Mag sich der Feind bei Metz auch listig drehen,
Schnell hast du deine Fronte umgerückt
Und in des Schachbrett's Ecke ihn gedrückt,
Daß jeder Zug ihm grünblich muß vergehen.

Und wie dein Geist den Plan entworfen hat,
Folgt Schlag auf Schlag und Zug auf Zug sich glatt,
Bis du bei Sedan riefest: „Schach und Matt!"

„Der große Schweiger" bist du weltbekannt;
Du schwiegest groß dein deutsches Volk und Land,
Dein Name ewig dankbar sei genannt!

Lynchmord in Paris.
März 1871.

Elendes Volk! Wer auch noch Mitleid fühlt
Mit deinem unheilvollen Mißgeschicke,
Wer dich entschuldigt mit dem Kriegesglücke,
Den hast du nun vollständig abgekühlt.

Das jüngste Mordstück, was du aufgespielt,
Zeigt ganz den Abgrund niederträcht'ger Tücke,
Wie du den Armen an der Seinebrücke
Ersäuft, bis ihn der Strom hinweggespühlt!

Wohl unter Zwanzigtausend fand sich Keiner,
Der retten wollte, auch nicht einmal Einer!
Zu einer That der Christenpflicht bereit!

Entsetzlich Volk! Verruchte Mörderbande,
Weh', Wehe, dreimal Weh' dem Lande,
Wo frech regiert die Niederträchtigkeit!

An die Franzosen.
30. März 1871.

Wir gönnen euch, die unser Sieg geschwächt,
Daß ihr euch mögt im Frieden wiederfinden,
Doch dazu braucht's: Erkenntniß eurer Sünden,
Und daß ihr nicht blos And're findet schlecht.

Daß ihr mehr denkt und etwas wen'ger sprecht,
Und wenn ihr denkt, auch logisch denkt nach Gründen,
Nicht etwa denkt, gleich mit uns anzubinden,
Und Jedem gebt, was ihr verlangt: sein Recht.

Baut Schulen und befreit euch von den Pfaffen,
Die ihre Macht in eurer Dummheit finden,
Steckt nicht das Geld des Staats in eure Taschen.

Vor Allem müßt ihr euch vom Halse schaffen
Das Phrasenthum, um von der eitel blinden
Anbetung eurer selbst euch rein zu waschen!

Commune.
6. April 1871.

Weh'! trotz dem Frieden fließt schon wieder Blut
In dieses Lenzes heil'gen Ostertagen!
Franzose von Franzosenhand erschlagen,
In Reihen auf dem jungen Grase ruht.

Der Dämon Bürgerkrieg hat wilde Glut
In's alte Sündennest Paris getragen,
Die Teufel schüren und die Engel klagen,
Und Höllenwahnsinn brütet Höllenbrut.

Der Pöbel, kriegverwildert, ohne Zucht,
Will fürder müßig geh'n und spielt den Meister,
„Commune" heißt das Ziel der saubern Geister.

Thiers nahm mit den Seinen feig die Flucht,
Nun endlich kam's zum Kampfe zwischen beiden —
Unselig Land, was wirst du noch erleiden?

Arc de l'Etoile.
10. Mai 1871.

Ihr bautet einst euch einen Ruhmesbogen,
Ein stolzes Denkmal eurer größten Siege,
Als, wie ein Meteor, im Völkerkriege
Der grimme Korse durch die Welt gezogen.

Und groß und größer habt ihr euch gelogen:
„Der Menschheit Haupt, der ew'gen Freiheit Wiege!"
Daß euer Ruhm bis in den Himmel stiege,
Habt ihr so lange alle Welt betrogen.

Zu Ende ist des falschen Scheines Gleißen!
Wie wilde Bestien sich toll zerreißen,
Fallt ihr euch selber grimmig wüthend an.

Was nie gethan die Sieger, noch geheißen,
Das Siegesthor zerschmettert blinder Wahn:
„Mit euren Kugeln habt ihr's selbst gethan!"

———

Der Vendomesäule Sturz.
16. Mai 1871.

Hoch auf der Siegessäule höchsten Knauf,
Zu eures Götzen göttlicher Verehrung
Und seines Ruhmes höchlichster Vermehrung,
Hobt ihr ihn einst, Napoleon, hinauf.

Längst sank im Westen seines Sternes Lauf,
Den nur bezeichnet blutige Verheerung;
Am Tag erblaßt die nächtliche Verklärung
Und schmetternd sinkt, was morsch und faul, zu Hauf!

Die neue Herrschaft stürzt den alten Götzen!
An Dünger fehlt's nicht, den man unterstreut,
An dem Geruch der Fäulniß sich zu letzen.

Hin kracht der Pfeiler alter Herrlichkeit!
Und Sieg und Ruhm, und was ihr könnt und wißt,
Das ganze Frankreich — kommt jetzt auf den Mist!

Dankgebet.

Ostersonntag 1871.

Du hast uns, Herr, in Gnaden Sieg gegeben,
Der alte Feind liegt machtlos da im Staube,
Daß Hochmuth uns den Siegespreis nicht raube,
Gieb, daß wir uns der Kraft nicht überheben!

O, heil'ge und erneue unser Leben,
Laß wachsen deine Liebe, Hoffnung, Glaube,
An deinem Tisch, im Brot, im Blut der Traube
Erhebe und verkläre unser Streben!

Vor gift'ger Wollust und der eitlen Sinne
Verlockung, Herr, o wolle uns bewahren,
Erhalte uns die treue, deutsche Minne!

Das Haus, des Weibes Heiligthum, verbleibe
Dein Tempel, ehrbar, daß von Jahr zu Jahren
Der deutsche Stamm kernhafte Sprossen treibe!

Deutsche Eiche.
10. April 1871.

Die so zerspalten war, die deutsche Eiche,
Ein Wunder fügt die Stämme nun zusammen
Zu einem Stamm, aus dem sie alle stammen,
Zu einem einig mächt'gen Bruderreiche.

Der Neid ergrimmt, es zittert Furcht, die bleiche,
Die Wuth erstickt an eig'nen Höllenflammen,
Und jeder Deutsche muß die Sehnen strammen,
Daß großem Anfang groß der Ausgang gleiche.

Gott hat's gefügt! in uns're Hand gegeben
Ist unser, ist des deutschen Volkes Loos,
Das selber sein soll seines Glückes Schmied.

So leite du, Herrgott! sein muthig Streben,
Daß es sich fasse einig, frei und groß,
Der Väter würdig und der Barden Lied.

An Deutschland.
12. April 1871.

Lehr' deine Jugend stolz den Nacken bäumen,
Spartanisch sei die Zucht bei Trank und Mahl,
Dem Joche trotze Arm und Faust von Stahl,
Laß in's Gebiß voll Ungeduld sie schäumen.

Befreie sie vom eitel dumpfen Träumen
Und von unnützen Wissens leerer Qual;
Gereiften Urtheils scharfer Sonnenstrahl
Erhell' das Land, die Schwarzen werden's räumen.

Noch sinnen sie, wie sie dich unterjochen,
Mein Volk, mit argem, stets erneuten Tück
Die bluterkaufte Geisterfreiheit schwächen.

Doch fürchte Nichts! denn e i n m a l ausgesprochen,
Der Freiheit Wort, ruft es kein Gott zurück,
Der deutsche Geist wird alle Fesseln brechen!

Kaisergruß.
Zum Siegeseinzug.

Heil dir, du greiser Held, im Siegeskranze!
Dir jauchzt dein Volk in alter Lieb' und Treue,
Und zu der heißersehnten Heimkehr Weihe
Schlingt sich der Eiche Laub um Schwert und Lanze!

Willkommen, Herr! nach heißem Waffentanze,
Du und dein Heer, in stolzer Eisenreihe,
Das nie besiegte, siegesfrohe, freie,
Dein Volk in Waffen, in des Ruhmes Glanze.

Als König zogst du aus! Du kehrest wieder
Als Kaiser! Neu ergrünt die deutsche Eiche,
Es grüßen dich Alldeutschlands Siegeslieder.

Gott war mit dir! Er gab dir Sieg und Frieden,
Hat deiner Demuth höchsten Preis beschieden!
Hoch, Kaiser Wilhelm! Hoch, der Siegesreiche!

Kaiserbraut.
1871.

Ich sehe dich an deines Kaisers Seite,
Und schier vor Wonne will das Herz mir springen!
Ein Brautlied möcht' ich dir, du Hohe, singen,
Germania, du herrlichste der Bräute!

Wie dich dein Wilhelm warb im blut'gen Streite,
Dein Held errang in tödtlich heißem Ringen,
Wie er den Erbfeind mußte niederzwingen,
Im Siegeskranze dich, Befreite, freite!

Die Kaiserkrone bracht' er dir entgegen,
Die Friedenspalme und den Siegerdegen,
Und jubelnd grüßt dein Volk so herrlich Paar!

Kanonendonner und der Glocken Läuten
Viktoria und Gloria bedeuten,
Und über euch schwebt stolz der deutsche Aar!

Des Reiches Erbe.
1871.

O, danke Gott, mein Volk, daß er gegeben
Den Kaiser dir, der groß als Held und Mann,
Mehr noch, als eine Krone adeln kann,
Geadelt durch sein Wesen ist und Leben.

Und juble laut, daß du sich siehst erheben,
Frisch aus demselben edlen Zollerstamm,
Ein edles Reis, so kernhaft fest und stramm,
Das, wie der Vater, will zum Himmel streben.

Der Zukunft wachse herrlich so entgegen,
Du Heldensproß, du junger Kaiseraar,
Der Deutschen Herzog und des Reiches Degen!

Des Volkes Liebe und des Vaters Segen,
Und der mit uns im Kampf und Siege war,
Gott, schirme dich in Glück und in Gefahr!

Siegeseinzug.
1871.

Nun grüß' euch Gott viel tausendmal, ihr Brüder!
Wie lange mußten wir nach euch uns sehnen!
Heiß floß das Blut, heut' fließen Freudenthränen,
Gelobt sei Gott! ihr kehrt als Sieger wieder!

Ein Freudenstrom erbrausen uns're Lieder,
Vorbei das Aengsten, Fürchten, Hoffen, Wähnen;
Der deutsche Löwe schüttelt stolz die Mähnen,
Germania sieht stolz auf euch hernieder!

Ihr Jungfrau'n, hold! Kredenzt den Ehrenwein!
In uns're Herzen zieht, ihr Brüder, ein,
Zum Tempel euch geweiht, zum Heil'genschrein!

Und vor euch her jauchzt hell die Wacht am Rhein:
„Du nennst die besten Heldenherzen dein,
Mein deutsches Vaterland, kannst ruhig sein!"

Mutterschmerz.
1871.

Sie ziehen ein! Doch Einer fehlt von Allen,
Den, ach! vergebens sucht mein Aug' und Herz!
Mein schwarzes Kleid, mein Herzeleid, mein Schmerz
Paßt nicht, wo helle Jubellieder schallen.

Wo so viel Herzen freubeselig wallen,
Steh' ich von fern, in Thränen stumm allein,
Der nicht mehr wiederkehrt, ach! er war mein,
Mein einz'ger Sohn, für's Vaterland gefallen!

Doch fließet sanfter, Thränen, von den Wangen,
Was hier gestorben, ist ja nicht vergangen,
Hat neu in Gott zu leben angefangen.

Mein Sohn, ich sehe dich verklärt dort Oben,
Zum Opfer für dein Volk bist du erhoben,
In Thränen soll mein Herz den Ew'gen loben!

Vaterherz.
Lätare 1871.

O ew'ge Huld! Wie soll mein Herz dir danken,
Wie preis' ich demuthsvoll das heil'ge Glück?
Du gabst den Sohn als Sieger mir zurück,
Nach banger Furcht und Hoffnung bitt'rem Schwanken.

Wo so viel Heldenopfer tödtlich sanken
In dieses Kampfes blutigem Geschick,
Erhieltst du ihn, o sel'ger Augenblick,
Ich seh' ihn wieder, Wonne ohne Schranken!

Ich seh' ihn heil, ich seh' ihn lebend wieder,
O, meine Seele, sinke betend nieder,
Zu Dir, dem Ew'gen, schweben meine Lieder!

Wer bin ich, daß Du gnädig mein gedacht,
Ach, wo so Vielen bitt'res Leid gebracht,
So unaussprechlich selig mich gemacht!

Daheim.
Jubilate 1871.

Nun sitz' am trauten Herde friedlich nieder,
Geliebter, Gatte, Vater, Bruder du!
Nach blut'gem Streite doppelt süße Ruh'
Genieße nun im Arm der Deinen wieder.

Wie oft hast du, ein Kampf- und Schlachtenmüder,
Hieher gedacht! Schloß dir die Augen zu
Ein kurzer Traum, erklangen dir im Nu
Vom Wiederseh'n der Heimath Schlummerlieder!

Herz, athme auf! Vorbei die blut'ge Zeit!
O, daß sie nimmer, nimmer wiederkehre,
Nie mehr zerreiße stilles Menschenglück!

Der Menschheit Trieb, der Liebe nur geweiht,
Gebet und Arbeit Gott den Vater ehre,
Des Dankes Thräne im verklärten Blick!

Eisernes Kreuz.
Misericordias 1871.

Das Kreuz, das eiserne, das ist der Orden,
Der einzig nur für uns're Krieger paßt;
Wer seinen Sinn in tiefster Seele faßt,
Der ist vom heil'gen Geist erleuchtet worden!

Kein eitler Lohn etwa für blutig Morden,
Für Den, der tödtlich seinen Bruder haßt —
Nein, ihn verdient nur, der des Hauses Rast
Aufgab für Abwehr wilder Feindeshorden.

Der aus der reinsten Liebe zu den Seinen,
Das Schwert ergriffen für das Vaterland,
Sein Leben hingiebt als der Liebe Pfand.

Der den gefall'nen Feind noch kann beweinen,
Des Krieges Fluch in tiefster Seele klagen —
Das Kreuz, das eiserne, der darf es tragen!

Treu.
Rogate 1871.

Du hast, mein Volk, so männlich groß ertragen
Des Unglücks und der Schande bitt're Zeit,
So hoch erhoben dich aus Noth und Leid,
Wie keine Lieder singen je, noch sagen!

O halte aus in deines Glückes Tagen,
Daß Nichts dir raube deine Herrlichkeit;
Zur Strenge gegen dich sei nun bereit,
Den Feind im eig'nen Herzen zu erschlagen.

Wie Viel' erlagen, die des Schicksals Tücke
Ertrugen fest, dem Sonnenschein im Glücke,
Und ihre Tugend schmolz in Trägheit hin.

Nur Wollust fällte Rom, einst groß vor Allen,
Und Capua des Puniers Heldensinn —
Bleibst du dir treu, mein Volk, nie kannst du fallen!

Germania in Leid und Freud.
Cantate 1871.

Hab' ich im Leid so treu zu dir gehalten,
Sollt' ich nicht auch dein Freudensänger sein?
Dir wonnejauchzend hohe Lieder weih'n,
Die ewig glüh'n und nimmermehr erkalten?

Dein Kämm'rer, beinen Freudenhort verwalten,
Rings ohne Ende Gold und Blumen streu'n,
Dein Mundschenk, dir kredenzen Freudenwein,
Aus jeder Stirne glätten Kummerfalten?

Ach, ich war jung! als ich dein Leid getragen,
Die Seele voll von Glut der Leidenschaft,
Goß ich in Wohllaut meine bittern Klagen!

Nun bin ich alt! Wo blieb die stolze Kraft?
Der Jugend Traum liegt hinter mir so weit,
Still bet' ich nun für deine Herrlichkeit!

Erfüllung.
Exaudi 1871.

Die Augen preis' ich selig, die da sehen
Das neue Reich, was lebend wir erschauet!
Wie viele Herzen, die auf Gott vertrauet,
Es heiß ersehnt, vergebens war ihr Flehen.

Sie mußten aus dem Erdenleben gehen,
Und ob ihr Haar vor Last der Jahr' ergrauet,
Sie sahen nicht den Tempel neu erbauet,
Sie hörten kaum der Zukunft = Stürme Wehen.

Nun ist sie da, erfüllt ist nun die Zeit!
Es kam dein Reich, wie auch der Feind getobt,
Wie lang' wir auch in Schmach zerrissen waren.

Dein Volk, o Herr, durch dich vereint, geweiht,
Mein Auge schaut, dein Name sei gelobt,
In Frieden läßt du mich von hinnen fahren!

Epilog.
Pfingstsonntag 1871.

So sehen wir den breiten Strom der Zeiten
Aus ewig uns verborg'nen Quellen fließen,
Und immer wieder schwellend sich ergießen
In's unbekannte Meer der Ewigkeiten.

Und uns're schwachen Lebensnachen gleiten
Auf ihm dahin, wenn wir die Welt begrüßen,
Bis wir die kurze Erdenlaufbahn schließen,
In des geheimnißvollen Jenseit Weiten.

Vom Morgen währt bis Abend unser Leben,
Vor Gottes Auge nur ein Augenblick,
Hin schwindet er und nichts ruft ihn zurück.

Und doch ist Jedem Zeit genug gegeben,
Zu klären hier an irdischem Geschick
Für Himmelsewigkeiten schon den Blick!